e al

nio

vogliadiriderevogliadiridere

GIUNTI DEMETRA

Disegni: Archivio De Vecchi/© Antonio Tubino

www.giunti.it

Via Bolognese 165 - 50139 Firenze - Italia
Via Dante 4 - 20121 Milano - Italia
Pubblicato su licenza di Edizioni De Vecchi srl, Firenze
Prima edizione: giugno 2010

Ristampa	Anno
6 5 4 3 2 1 0	2013 2012 2011 2010

Stampato presso Giunti Industrie Grafiche S.p.A. - Stabilimento di Prato

E DIO CREÒ LA DONNA...

Adamo si aggira malinconico per il paradiso terrestre. Il Padreterno se ne accorge e gli domanda: «Qualcosa non va?».

«No, qui è tutto stupendo, è davvero un paradiso. Però, mi sento un po' solo. Avrei bisogno di compagnia. Non puoi fare qualcosa?».

«Caro Adamo, io posso tutto. Ti andrebbe una creatura simile a te, ma più delicata, dolce, con la pelle più liscia, i capelli più morbidi, denti bianchissimi, bocca sensuale, occhi color cielo? E poi intelligente, comprensiva, amorevole...».

«Accidenti! altroché se mi andrebbe...».

«Però ti costerebbe un piccolo sacrificio...».

«Quale sacrificio?».

«Una gamba...».

«Una gamba? Scusa, e io come vado in giro? Saltellando? No, non se ne fa niente...».

«Vorrà dire che te la potrei fare un po' meno bella, un po' meno comprensiva, un po' meno di tutto...».

«E così, quanto mi costerebbe?».

«Un braccio...».

«E dai! Così potrei abbracciarla solo a metà. E poi le braccia mi servono...».

«Dammi un piede, allora...».

«No!».

«Una mano...».

«No!».

«Un dito, un piccolo dito...».

«Ho detto di no e no!».

«Allora arrangiati!».

Incavolato nero, Dio sta per andarsene quando Adamo gli fa:

«Senti, in cambio di una costola cosa mi dai?».

DUE CUORI E UNA CAPANNA

Un giovanotto e una ragazza stanno per sposarsi e sono in cerca di una casa.

Visitano una quantità di appartamenti: niente da fare, affitti alle stelle, prezzi proibitivi.

Finalmente ne trovano uno piuttosto piccolo. «Non fa nulla» dice la ragazza, «vuol dire che ci adatteremo».

Il proprietario sorride con aria incoraggiante.

La ragazza continua: «Del resto, lo spazio non manca... (apre uno sportello)... Ecco per esempio un magnifico armadio a muro!».

Il proprietario gentilissimo: «Attenzione, signorina, quello non è un armadio a muro: è il soggiorno!».

CARO, COSA NE DIRESTI DI USCIRE E ANDARE A FARE FOLLIE ?..
OTTIMA IDEA!... SE PERÒ RIENTRI PRIMA TU, RICORDATI DI LASCIARE ACCESA LA LUCE DEL PIANEROTTOLO..

Ai tempi di Noè

Noè (irritatissimo) a sua moglie:
«Quando la smetterai una buona volta di cantare *Come pioveva?*».

Adultere

San Pietro, assiso sul trono, sta giudicando le opere terrene dei nuovi arrivati. Davanti a lui, nella grande sala, ci sono un centinaio di donne, tutte in piedi.
San Pietro: «Quelle che in vita hanno tradito il marito, facciano un passo avanti».
Tutte le donne, tranne due, fanno un passo avanti. E San Pietro, rivolto agli angeli che attendono con le spade fiammeggianti: «Tutte all'inferno, comprese le sorde!».

La migliore amica

«Mia moglie non solo è una gran bugiarda, ma mi tradisce anche», confida Carlo a un amico.
«Ma cosa dici, Carlo?».
«So bene quello che dico. Ieri sera non è rientrata e stamattina mi ha detto che ha passato la notte dalla sua migliore amica, dalla Lalla».

PER I VENTICINQUE ANNI DI MATRIMONIO HO PORTATO MIA MOGLIE ALLE MALDIVE E PER LE NOZZE D'ORO L'ANDRÒ A RIPRENDERE...

«E non può essere vero?».
«Eh no! Per il semplice fatto che con la Lalla, con la sua migliore amica, ci ho passato io la notte!».

AVVENIRE

A un aitante giovanotto, che si è recato da lui per chiedergli la mano della figlia, un banchiere domanda:
«Il suo avvenire, almeno, è assicurato?».
«Ma certo, signore. A meno che sua figlia non mi abbia raccontato delle storie».

È SEMPRE TROPPO TARDI...

Per oltre vent'anni, un uomo ha continuato a frequentare regolarmente una coetanea, cenando da lei quattro volte alla settimana e vedendola tutti i giorni.
Una sera, dopo cena, la donna con un timido sorriso azzarda:
«Carlo, senti: non ti sembra che ormai, dopo tanti anni, sarebbe ora che ci sposassimo?».
«Sarebbe bello, cara, sarebbe tanto bello. Ma, siamo sinceri, chi vuoi che ci sposi ormai, alla nostra età?».

NON TUTTI I DIFETTI VENGONO PER NUOCERE

Dopo lunghi anni di fidanzamento, arriva il giorno tanto atteso.
I due innamorati sono finalmente soli la sera delle nozze.
«Amore», dice il neo sposo, «devo dirti una cosa».
«Anch'io, tesoro, ho una confessione da farti».
«Io sono daltonico e tu?».
«Io sono una pellerossa!».

SENTIRSI UNICHE

«Mia cara, te l'ho detto centinaia di volte che c'è una sola donna al mondo per me!».
«Lo so», mormora la moglie, «ma non mi hai ancora detto chi è...».

LEI SÌ CHE LO CONOSCE

«Oggi è andata male, malissimo! Non sono riuscito a prendere nulla!», esclama un cacciatore mostrando alla moglie il carniere vuoto.
«Lo credo bene», ribatte tranquillamente questa, «hai dimenticato il portafogli a casa...».

Lui la conosceva bene

Dopo lunghe sofferenze, la signora Brambilla è pssata a miglior vita. Il povero vedovo segue mesto il suo funerale, e intanto si chiede se la compagna della sua vita sia andata in paradiso o all'inferno. Improvvisamente un mattone cade dal tetto di una casa, sfiora la testa del signor Brambilla e si rompe con fragore sul selciato.

«Ho capito», dice l'uomo fra sé. «È andata in paradiso».

Ecchimosi dolo(ro)se

Il dottore di famiglia, visitando la cliente, si accorge che è piena di ecchimosi.

«Ma chi è stato?».

«Mio marito».

«Suo marito? Credevo che fosse partito».

«Purtroppo lo credevo anch'io!».

Paternità

Un celebre scrittore si lamenta del figlio con la moglie: «Che disastro quel ragazzo! Fra tutte le mie opere, lui è la peggiore!».

CARO, HAI RICEVUTO IL MIO PACCO CON LA LIMA NELLA PIZZA AL FORMAGGIO?
SÌ CARA. MI OPERANO DOMANI...

«Non rattristarti tesoro», lo consola la moglie, «non è opera tua!».

Un indizio sicuro

Il marito alla moglie: «Belle abitudini ha preso nostro figlio!».
«Che è successo?».
«È un ladro!».
«Ma va».
«Ascolta: avevo nel portafoglio quattro biglietti da dieci mila, ora ce ne sono soltanto due».
«E chi ti dice che non sia stata io?».
«Impossibile!».
«E perché?».
«Perché quando arrivi tu alle mie tasche fai sempre piazza pulita!».

Un indizio sicuro 2

Il primario del reparto di medicina chiede all'infermiera: «Come sta il paziente del numero 4?».
«Invoca continuamente la moglie...».
«Ho capito», ribatte il medico. «Sta ancora delirando».

Un indizio sicuro 3

Marito: «Ciao, cara; hai telefonato a tua madre, vero?».

Moglie: «Sì, e come fai a saperlo?».

Marito: «Ho visto la sdraio vicino al telefono».

Un indizio sicuro 4

«Mia cara», dice il marito, «mi accorgo che tu mi ami sempre di meno».

«E cosa te lo fa credere?», si stupisce la moglie.

«Gli anni scorsi mi chiedevi più denaro per il mio regalo di Natale!».

Ma di cosa ti preoccupi!

Un uomo torna a casa sconvolto. Si precipita dalla moglie: «Caterina, oggi mi è accaduta una cosa terribile! Stavo andando in ufficio quando mi si è avvicinato un giovanotto e mi ha detto: "Cornuto!". E me lo ha detto guardandomi in faccia!».

«Ma di cosa ti preoccupi! Sai che il mondo è pieno di pazzi e poi, soprattutto, sai che io ti amo e ti sono fedele! Basta, no?».

Il brav'uomo si calma e si rassicura. All'indomani

mattina, mentre è in strada per andare in ufficio, viene fermato dal solito giovane che lo affronta dicendogli: «Cornuto! Cornuto e spia!».

PENSANDO ALLA MOGLIE

Un produttore di Broadway sta cercando di persuadere un industriale a finanziare uno spettacolo.
Lo conduce alle prove e gli fa sfilare dinanzi le ragazze del balletto, tutte giovani, belle e seminude.
L'industriale osserva attentamente, ma, ogni volta che una ragazza gli passa davanti, se ne esce con un: «Puah! Che schifo!».
Dopo un po' il produttore, seccato, gli fa: «Senta, io le sto facendo vedere le più belle ragazze di Broadway e lei non fa che ripetere "che schifo!". Le sembra il modo di comportarsi?».
«Ma io non mi riferisco certo alle sue ragazze. Tutt'altro! Io sto pensando a mia moglie!».

QUANDO L'AMORE FINISCE

Due amiche s'incontrano.
«Ciao, Luisa. Come va il tuo grande amore con Fabio?».

«È finito», risponde tristemente Luisa.
«Finito? Ma cosa è successo?».
«Ci siamo sposati».

AUDACE FUGA D'AMORE

Lei confida a un'amica: «È stato bellissimo, talmente romantico... Enrico è arrivato a mezzanotte, ha appoggiato la scala al mio balcone e mi ha chiamata ordinandomi di scendere per scappare con lui e sposarci subito».
«E tu cos'hai fatto?».
«Naturalmente sono scesa subito».
«Sei stata ben coraggiosa. Ma se la scala cadeva?».
«E come avrebbe potuto? Papà e mamma la tenevano ferma dall'alto!».

UNA VERA FORTUNA

Celestino va al bar e lì incontra l'amico Giovanni, che con l'aria sconvolta gli dice: «Ma sai cos'è successo? Pietro, rientrando a casa ieri sera, ha trovato sua moglie a letto con Enrico. Preso dall'ira, li ha uccisi tutti e due, ha incendiato la casa e si è suicidato!».
«In realtà poteva andare molto peggio», dice Cele-

stino, «perché se fosse successo l'altro ieri, Pietro con sua moglie avrebbe trovato me...».

UNA VERA SFORTUNA

In un accampamento, in Africa, un gorilla, di notte, rapisce la moglie di un esploratore, il quale, svegliato di soprassalto, fa appena in tempo a vedere il bestione fuggire con la donna.
Gli amici cercano di consolarlo, ma lui, seduto ai piedi d'un albero, con gli occhi persi nel vuoto, non fa che mormorare: «Io non ho fortuna... Io non ho mai fortuna... Sembra che i gorilla di quella specie le riportino sempre l'indomani...».

È SOLO QUESTIONE DI PUNTI DI VISTA

Un maggiordomo riceve notizia che il suo ricchissimo padrone è morto in un incidente d'auto. Spetta a lui comunicare alla signora il triste evento. Si reca perciò nel salotto, dove la donna sta leggendo accanto al caminetto, e con tono molto compìto annuncia : «Milady, hanno telefonato in questo momento che lei ha guadagnato trecento miliardi in un incidente d'auto del signore».

MIO MARITO È UN UOMO CHE NON HA PREZZO!..
UOMO ECCEZIONALE?..
..NO... NEL SENSO CHE NON ESISTONO VALORI IN CENTESIMI..

BASTA SOLO PAZIENTARE

«Tommy, dopo che saremo sposati, dividerò tutti i tuoi guai».

«Ma io non ho guai...».

«Li avrai, caro, li avrai...».

PRECISAZIONE

Un tale incontra un amico sposato da poco.

«Allora? Tutto bene? Tu e Luisa siete finalmente sposati e felici, immagino».

«Certo», risponde l'altro a mezza voce, «Luisa è felice e io sono sposato».

LA PENTITA

"Caro amore, non riesco a trovare le parole per farti capire quanto sono pentita d'aver rotto il nostro fidanzamento, Solo ora, con la lontananza, capisco che non posso vivere senza di te. Perdonami! Io ti amo. Ti amo! Ti amo!

tua Eva

P.S.

E congratulazioni per la tua vincita milionaria al Totogol!".

MARITI IMPAVIDI

Marito e moglie sono sorpresi da un terribile bandito. Questi prende il signor Andreani, lo lega stretto, traccia per terra un circolo con un gesso, e gli dice: «Io amo le belle donne. E tua moglie è bella. Ma adesso ascoltami bene: io farò l'amore qui, con tua moglie, e se tu appena ti azzardi a uscire dal cerchio, ti ammazzo».

Il bandito, dopo aver compiuto il misfatto, se ne va soddisfatto.

La signora Andreani è furente: «Imbecille!», urla al marito. «Non solo non hai fatto niente, ma hai anche riso! Ti ho sentito, sai!».

«Certo che ho riso», risponde il marito, «perché, mentre lui era occupato con te, io sono uscito ben quattro volte dal cerchio senza che se ne sia accorto!».

MARITI EROICI

Un signore entra in un bar e ordina una birra con l'oliva. Beve la birra, prende l'oliva e la ripone in un sacchetto. Ordina poi un'altra birra, sempre con l'oliva e di nuovo mette via l'oliva.

Il barista è stupito e alla sesta birra non può resi-

stere alla curiostà, tanto più che vede il cliente boccheggiante.
«Mi scusi signore, ma non beva più!».
«Eh, sì, basta! Non ne posso proprio più. Ma vede, lo faccio per mia moglie...».
«Per sua moglie, signore?...».
«Sì. Mi ha raccomandato di portarle a casa almeno una decina di olive!».

MARITI SERVIZIEVOLI

Al commissariato di polizia.
«...Mi vuol spiegare perché ha svaligiato per due sere di seguito lo stesso negozio?», chiede il commissario al ladro.
«Ecco... vede... la prima volta avevo preso della roba per mia moglie e il giorno dopo son dovuto andare a cambiarla, signor commissario!».

MARITI FURBISSIMI

Il marito, entrando in camera da letto con aspirina e bicchiere d'acqua: «Cara... per il tuo mal di testa».
«Ma io non ho mal di testa!».
«Fregata!».

..SONO VERAMENTE IL PRIMO UOMO DELLA TUA VITA, ANNA?
..MA CERTO, CARO.... POSSIBILE CHE MI FACCIATE TUTTI LA STESSA DOMANDA?..
OGGI SPOSI

Mariti discreti

«Imputato, perché avete usato l'arco e la freccia per uccidere vostra moglie?».
«Non volevo svegliare i bambini».

Mariti che prendono le mogli in parola

«Non è bello far vedere a tutti con vanto le medaglie che hai ricevuto», dice una signora al marito. «Non bisogna fare troppo sfoggio del proprio coraggio!».
«Se è così», risponde il marito, «allora da oggi mi toglierò anche l'anello matrimoniale».

Mariti coraggiosi

Un tale va per la prima volta da un dentista accompagnato dalla moglie.
«Quanto vuole, dottore, per un'estrazione?».
«200 euro con l'anestesia, 100 senza anestesia».
«Allora, senza anestesia».
Il medico lo guarda ammirato: «Che coraggioso!».
«Ma cosa c'entro io?». E, rivolto alla moglie: «Adesso cara, siedi, stai ferma e tranquilla e apri bene la bocca».

Mariti imperturbabili

Un tale apre una busta arrivatagli anonima e legge: "Egregio Signore, la vita coniugale riserva a volte amare sorprese. Domani, si rechi alle 17 in punto in via tale numero talaltro. Vedrà arrivare sua moglie, che si recherà a casa del signor X. Firmato: un amico".

«Bah! Un altro che s'illude della puntualità di mia moglie!».

Mariti economi

Tempi di crisi. Il marito dice alla moglie: «Così non si può andare avanti: dovremmo fare qualcosa per limitare le spese».

«Hai qualche idea?».

«Tu potresti comprarti qualche vestito in meno... io potrei convincerti a smettere di fumare...».«Per amor del cielo!

Mariti economi 2

Un tale all'amico: «L'altro giorno dovevo fare un regalo a mia moglie per un anniversario, ed ero indeciso se regalarle una collana di perle o un'automobile».

«E poi che regalo le hai fatto?».
«La collana di perle, diamine! Hai mai visto una macchina falsa?».

MARITI ECONOMI 3

Per amor del cielo!», grida a squarciagola un uomo vedendo sua moglie che sta per annegare. «Per amor del cielo, salvatela!».
Alcuni volonterosi si tuffano e portano a riva la pericolante, sana e salva.
L'uomo le corre incontro, l'abbraccia, poi, ancora tutto scosso dai tremiti: «Che fortuna! Ma sta' certa che un'altra volta il portafogli non te lo lascio più!».

MARITI BUONI A NULLA

Un tale, rientrato a casa, trova la moglie in lacrime.
«Che cosa c'è?», domanda.
«C'è che la nostra vicina ha una nuova pelliccia, un nuovo vestito e un nuovo orologio d'oro...».
«Ebbene?», fa l'uomo. «Tu hai tre splendidi bambini...».
E lei: «Se avessi dovuto contare su di te, non avrei neanche quelli!».

SONO SICURO CHE TU MI TRADISCI!.. NON MENTIRE, FUORI I NOMI !!..
..MA CARO, È TUTTA GENTE CHÉ NON CONOSCI !..

MARITI INTEMPESTIVI

«Mio Dio!», dice una signora molto moderna ad un amico. «Sai che Lilly e Roberto divorziano?».
«Ma è possibile? Se lui l'amava tanto! Di chi è la colpa?».
«Di Roberto, naturalmente: figurati che un giorno è tornato a casa prima del solito senza avvertire!».

MARITI CHE CI AVEVANO PROVATO A FARE I DURI

Un tizio che ha una moglie nevrotica e manesca si lamenta con un collega d'ufficio. Questo lo ascolta pazientemente, ma alla fine sbotta: «Anche tu, però! Devi essere più duro... Devi mostrarle i denti!».
E l'altro: «Ci ho provato: ora ne ho tre di meno».

MARITI OBBEDIENTI

Una signora, da poco giunta al mare in vacanza, confida all'improvvisata amica di spiaggia: «Ah, io ho parlato chiaro a mio marito. Gli ho detto che se non mi scriveva tutti i giorni sarei tornata immediatamente a casa!».
«E lui le scrive?».
«Due volte al giorno».

Mariti che parlano nel sonno

«Mio marito è così innamorato di me», dice una signora a un'amica, «che mi parla anche nel sonno... Solamente, non capisco per quale motivo, mi chiama con un altro nome».

Mariti Premurosi

Mario e Adele sono in giro per compere. Piove a dirotto. Adele regge l'ombrello.

A un certo punto lui le fa: «Cara, vorresti un marito con un occhio solo?».

«Che domande mi fai!».

«Allora lascia che porti io l'ombrello!».

Mariti premurosi 2

Una giovane coppia ha preso posto al cinema.

«Tesoro», chiede il marito, «il signore che è seduto davanti a te ti disturba la visione?».

«No, per niente».

«Senti qualche spiffero d'aria?».

«No, caro».

«Il signore seduto vicino a te mastica rumorosamente caramelle?».

«No, tesoro», risponde lei, sempre più lusingata per le attenzioni del marito.

«Allora, cara, ti spiacerebbe cambiare il tuo posto con il mio?».

MARITI FORTUNATI

«Mia suocera abita lontano e viene a trovarci soltanto una volta l'anno...».

«Sei fortunato! E quanto si ferma?».

«Dieci mesi».

MARITI CIECHI

«Vuoi un buon consiglio?», fa un tale incontrando un amico.

«Certo».

«Allora: la sera chiudi le persiane, perché alle dieci tutti ti vedono sul sofà mentre accarezzi e baci tua moglie!».

«Non farmi ridere! Alle dieci!? Impossibile, perché proprio a quell'ora io sono sempre al bar a giocare al biliardo...».

CARO, IL BAMBINO PIANGE ... VADO A CAMBIARLO..
VA BENE ... POSSIBILMENTE PRENDINE UNO CHE CI LASCI DORMIRE, DI NOTTE..
UE'! UE'!

Mariti ciechi 2

Il signor Rossi torna da un viaggio all'improvviso.
Gli viene incontro il suo piccino in lacrime.
«Papà, papà, c'è l'uomo nero in casa!».
«L'uomo nero? Ma cos'è questa sciocchezza?».
«Ti giuro che è vero, papà, io l'ho visto. È in camera della mamma! Prima era in bagno. Io l'ho visto!».
Il signor Rossi entra in camera della moglie e trova il suo miglior amico con indosso un pigiama nero.
«Ma non ti vergogni?», gli dice.
«Quando penso a tutto quello che ho fatto per te! L'appartamento, il lavoro, tutto mi devi. Ed ecco il tuo ringraziamento: ti vesti di nero per far paura a mio figlio!».

Mariti coraggiosi

Un uomo torna a casa improvvisamente e trova la moglie fra le braccia di un ragazzone grande e grosso. Serra le mascelle... stringe i pugni... si mette a camminare avanti e indietro come un leone in gabbia. A un tratto scorge, appoggiato al muro, l'ombrello del rivale. Ha un attimo di esitazione, poi lo afferra con decisione e lo spezza in due gridando: «E adesso speriamo che piova!».

Mariti fumatori

Due amiche parlano dei rispettivi mariti.

Una dice: «Mio marito è insopportabile. Fuma tutto il giorno e appesta l'appartamento!».

«Oh», dice l'altra, «il mio è più ragionevole: fuma la pipa solo dopo un buon pasto. In dieci anni di matrimonio l'ho visto fumare solo tre volte...».

Mariti tiranni

«Mio marito è un tiranno!», si lamenta una signora. «Mi fa sgobbare dal mattino alla sera: una volta mi chiede la spazzola perché deve lucidarsi le scarpe, un'altra volta vuole il ferro a vapore perché deve stirarsi i pantaloni, un'altra volta pretende ago e filo perché deve cucirsi un bottone alla giacca...».

Mariti in castigo

«Nostra figlia a scuola ha preso quattro in matematica», dice la moglie al marito, con un tono di rimprovero.

«E allora?», fa lui.

«Allora stasera, per castigo, non mangerai il dolce! Il compito glielo hai fatto tu...».

MARITI RISPETTOSI

«Da due settimane non parlo con mia moglie...».
«Avete litigato?».
«No, ma non voglio interromperla».

MARITI COL VIZIO DEL GIOCO

Un marito, giocatore incallito, rincasa all'alba e sveglia la moglie: «Prepara la valigia... devi andare dal mio amico Rossi perché stanotte ti ho giocata a poker e ha vinto lui».
«Disgraziato! Come hai potuto fare una cosa del genere?».
«Ho barato...».

MARITI COL VIZIO DEL GIOCO 2

Un giocatore incallito rientra a casa e dice alla moglie: «Devo comunicarti che ti ho perso a poker...».
«Mi hai perso a poker?», allibisce la donna.
«Sì. E pensa che se avessi continuato a giocare, avrei perso anche il cane».

QUANDO LITIGO CON MIA MOGLIE IO RIESCO SEMPRE AD AVERE L'ULTIMA PAROLA... COME FACCIO?.. SEMPLICE, LE DICO: "SCUSAMI, CARA."

Mariti imbecilli

I Bianchi sono ancora una volta di opinione diversa. Lui non alza la testa dal suo giornale e questo fa infuriare ancora di più sua moglie.

«Tu che credi di essere sempre il più intelligente», grida lei, «tu che sai sempre tutto, sai dirmi se l'imbecillità del marito può essere un motivo per il divorzio?».

«Questo lo devi chiedere a un avvocato», risponde il marito amabilmente, «io so solamente che può essere la causa del matrimonio».

Mariti perfetti

«Mia moglie mi considera perfetto...».

«È vero: quando parla di te, dice: "Mio marito è un perfetto imbecille"».

Mariti che leggono il giornale

Serata in casa: lui sta leggendo il giornale con aria molto assorta, lei sta facendo la maglia. Ad un tratto, la moglie rivolta al marito con voce tesa: «Ti pregherei, Mario, di smettere di ripetere "sì cara,... sì cara..."; è da più di mezz'ora che non apro bocca!».

MARITI CHE LEGGONO IL GIORNALE 2

La donna parla al marito attraverso il giornale che lui come al solito sta leggendo: «... e ogni tanto fatti vedere, gli anni passano così in fretta!».

MARITI NON SUPERSTIZIOSI

Luigi chiede a un amico: «Mi accompagni? Vado a comprare un biglietto d'aereo per Parigi, per domani».

«Per domani? Ma sei impazzito? Non sai che domani è venerdì 17? Non sei superstizioso?».

«Io no... E poi è mia moglie che parte...».

MARITI INCONCLUDENTI

Una signora si sfoga con un'amica:

«Mio marito è un pigro, un incostante, un inconcludente. Non riesce mai a portare a termine nulla... Quando si siede al pianoforte, sai che cosa suona? *L'Incompiuta* di Schubert!».

PARALLELO

Andare a una festa con la propria moglie è come andare a caccia con il guardiacaccia.

Mogli pazienti

Due amiche chiacchierano bevendo il tè in salotto: «L'altro giorno ho incontrato tuo marito, si lamenta che non vai mai a letto prima delle due di notte. Che fai fino a quell'ora?».

«Lo aspetto».

Mogli pazienti 2

«Deve avere una bella pazienza tua moglie per sopportare un carattere come il tuo!».

«A lei vado benissimo così. Spesso mi lancia anche dei fiori».

«Incredibile! Ma quei lividi sulla faccia?».

«Oh, ogni tanto si dimentica di toglierli dal vaso!».

Mogli burlone

L'amante alla donna, al termine del loro incontro: «Che racconterai a tuo marito?».

«Che ero insieme a te».

«Hai sempre voglia di scherzare!».

La donna torna a casa e saluta il marito.

«Dove sei stata, cara?».

«Insieme a un uomo».

«Hai sempre voglia di scherzare!».

IO E MIO MARITO ANDIAMO D'ACCORDO PERCHÉ ABBIAMO GLI STESSI INTERESSI: LUI PENSA SOLO A ME E ANCH'IO PENSO SOLTANTO A ME STESSA!
MODA

Mogli econome

«Cara, ho fatto un po' di ordine nel mio armadio. Ho pensato che darò via la giacca blu e quella marrone, e poi il vestito color carta da zucchero!».
«Perché quel vestito? Non puoi metterlo ancora per una stagione?».
«Scusa, sai, ma tu vorresti che io uscissi con te indossando un abito così malridotto?».
«No, certo, però non potresti indossarlo quando esci da solo?».

Mogli econome 2

«È risparmiatrice tua moglie?».
«Qualche volta. Ieri, per esempio, ha messo soltanto trentadue candele sulla torta per il suo quarantesimo compleanno».

Mogli econome 3

Aldo sta lavando i piatti mentre la moglie guarda la televisione.
A un certo punto si affaccia alla porta del salotto e le dice: «Cara, se tutto va bene, alla fine del mese ti regalo la lavastoviglie!».
«Sei sempre il solito sprecone», sbuffa la moglie, «lo sai che non mi piacciono i regali inutili!».

Mogli e motori 1

Una signora americana sta posando per una fotografia davanti alle rovine di un antico tempio greco: «Mi raccomando, stia attento a non fotografare anche la mia automobile», dice preoccupata al fotografo, «altrimenti mio marito crederà che sia stata io a distruggere il tempio».

Mogli e motori 2

Il marito sta leggendo tranquillamente il giornale, quando l'auto della moglie irrompe con un gran fracasso nel salotto. Sollevando gli occhi dal giornale, imperturbabile le fa: «Ma cara, come hai fatto ad arrivare con la macchina in salotto?».

«Semplice, tesoro. Quando sono arrivata in cucina, ho girato a sinistra...».

Mogli e motori 3

La moglie rincasa a piedi.

«E l'auto?», fa il marito.

«È guasta: è entrata dell'acqua nel motore».

«E dov'è?».

«In fondo al lago».

Mogli importune

A un concerto di musica classica una signora, dando di gomito al marito:
«Guarda quel tizio accanto a te, sta russando, che figura!».
«E tu mi svegli per queste stupidaggini?».

Mogli sacrificate

Gloria confida alla sua nuova amica Laura: «Mio marito è marinaio e non lo vedo che tre settimane l'anno...».
«Che vita di sacrificio la tua!».
«Oh, tre settimane passano presto!...».

Mogli concilianti

Dopo l'ennesimo litigio, la moglie propone al marito: «Facciamo un patto: se tu riconosci che ho ragione io, io la smetto di dire che tu hai torto».

Mogli annoiate

La moglie snob e perennemente annoiata: «Sai caro, quest'anno voglio passare l'estate in un posto dove non sono mai stata...».
Il marito: «E perché, cara, non la passi in cucina?».

CARO, OGGI HO RISPARMIATO BEN DUECENTO EURO!
COMPRANDO COSA?...
SPORT

Mogli loquaci

Due mariti si confidano: «Anche tua moglie è una chiacchierona?».

«Altroché: quando siamo andati al mare, le si è abbronzata la lingua!».

Mogli loquaci 2

«Così tua moglie è stata operata? E dimmi, l'hanno addormentata?».

«Sì, due volte».

«Due volte? Perché?».

«La prima durante l'intervento; la seconda perché smettesse di parlare dell'operazione».

Mogli loquaci 3

Un marito confida all'amico: «Al mare quest'anno ho cercato di insegnare a mia moglie come si fa a nuotare».

«E ci sei riuscito?».

«Nemmeno per sogno!».

«Ha paura dell'acqua?».

«Macché; è che non riesce a stare con la bocca chiusa».

Mogli loquaci 4

Due mariti vantano la loquacità delle rispettive mogli.

«Figurati», dice uno, «che la mia può parlare per ore e ore su qualsiasi argomento senza mai fermarsi».

«Questo è niente», ribatte l'altro, «la mia non ha bisogno neanche dell'argomento!».

Mogli loquaci 5

«Mia moglie parla quattro lingue».

«Mia moglie ne parla una sola... per fortuna...».

Mogli terribili

«È vero che tua moglie parte per il giro del mondo? Il cambiamento di clima non le darà fastidio?».

«Puoi giurare che non oserà».

Mogli premurose

«Mia moglie, tutte le sere, dopo cena mi toglie le scarpe».

«È molto gentile».

«No, è molto gelosa: lo fa per impedirmi di uscire».

MOGLI PREMUROSE 2

A causa di una caduta da cavallo un fantino si frattura i polsi e viene ricoverato in ospedale.
Passa il medico a visitarlo. La moglie, che gli sta sempre accanto, con voce preoccupatissima gli domanda: «Mi dica la verità, dottore: mio marito potrà ancora lavare i piatti?».

MOGLI MODERNE

Due donne parlano dei loro mariti:
«Luigi senza di me sarebbe perduto!», dice una.
«Anche il mio Giovanni!», sospira l'altra. «Devo fare tutto per lui: figurati che ogni volta che si attacca un bottone o si rammenda una calza, devo infilargli l'ago».

MOGLI COSTOSE

«La settimana scorsa», racconta un uomo ad un amico, «mia moglie camminava per un viottolo di campagna, quando un fuscello la colpì all'occhio, tanto che dovette andare dal medico. Mi è costato cento euro!».
«Questo non è nulla!», replica l'amico. «Due giorni fa

mia moglie camminava per una strada del centro, quando da una vetrina un mantello di visone colpì addirittura tutti e due gli occhi di mia moglie!»
«Poveretta! E quanto ti è costato?».
«Diecimila euro!».

CAUSE DI DIVORZIO

Una giovane e graziosa signora va dall'avvocato divorzista. Dopo un po', l'avvocato:
«Mia cara signora, non può chiedere il divorzio solo perché suo marito fuma a letto!».
«Non si può? Ma lei ha voglia di scherzare! Allora, secondo lei dovrei passare tutta la vita permettendo a mio marito di accendere i fiammiferi sulla mia schiena?».

CAUSE DI DIVORZIO 2

«Voglio chiedere il divorzio da mia moglie, avvocato».
«Va bene, ma mi dica per quali motivi è arrivato a questa decisione».
«Vede, è per questa mania di mia moglie per i tortellini in brodo».

«Ma lei è ben strano: tantissime persone mangiano tortellini in brodo e non per questo i coniugi chiedono il divorzio!».
«Ma mia moglie li mangia anche quando fa all'amore!».

CAUSE DI DIVORZIO 3

Un signore che ha fatto domanda di divorzio viene interrogato dal giudice, che gli chiede:
«Potrebbe spiegarmi come mai è giunto a questa decisione?».
«Prima di tutto, perché mia moglie ha un carattere insopportabile...», spiega lui.
«Non è vero!», controbatte la moglie. «Vado d'accordo con tutti i suoi amici!...».
«E questo», aggiunge il marito, «è il secondo motivo».

CAUSE DI DIVORZIO 4

Un marito, all'avvocato cui si è rivolto per la sua causa di divorzio: «Lei non immagina quanto mi costi separarmi da mia moglie...».
«E perché non resta con lei?».
«Mi costerebbe di più».

CAUSE DI DIVORZIO 5

«Vede», dice una signora a un avvocato divorzista, «non è che io non possa più vivere con mio marito... è che non posso più vivere col suo stipendio».

CAUSE DI DIVORZIO 6

Due amici si rivedono dopo parecchi anni e cominciano a raccontarsi gli ultimi avvenimenti della loro vita.

«Io», dice uno, «ho divorziato da mia moglie nel febbraio scorso perché mi ha dato del cretino».

«Solo per questo?», fa l'altro.

«Beh, ho cercato di riassumere... I fatti sono andati così: una sera, attraversando i giardini pubblici, ho sorpreso mia moglie tra le braccia di uno sconosciuto. "Si può sapere che cosa stai facendo?", le ho detto. E lei: "Non lo vedi, cretino?"».

CAUSE DI DIVORZIO 7

«Perché non se la sente più di vivere con sua moglie?».

«Perché è violenta, signor giudice: pensi che da dieci anni non fa altro che tirarmi i piatti in testa».

«E allora perché ha aspettato tanto?».
«Perché ultimamente ha migliorato il tiro».

SEMPRE IL SOLITO

Un giornalista americano sta mostrando una fotografia della torre di Pisa a sua moglie.
Questa guarda la foto, guarda il marito e, aggrottando le sopracciglia, dice: «Come al solito avevi bevuto anche quel giorno!».

LA VERA LIBERTÀ

Lo psichiatra, rivolto alla paziente stesa sul lettino: «Le capita qualche volta d'incontrare un uomo e di desiderare d'essere libera?».
«Sì, molto spesso...».
«E che tipo è quest'uomo... vuol dirmelo?...».
«Mio marito».

LITIGIO

Un marito alquanto minuto cerca di intimidire la propria moglie: «Ti avverto», urla, «di non fare uscire la bestia che è in me!».

CARO, DOV'È L'ORSA MAGGIORE?
TESORO, PER FAVORE, NON PARLARMI SEMPRE DI TUA MADRE!

«Oh, che importa» risponde lei, «tanto non ho paura dei topi, io!».

LITIGIO 2

Dopo un furioso litigio il marito urla alla moglie: «Se io dovessi morire tu non piangeresti neppure!».
«Ma se io piango per niente!».

UNA COPPIA PERFETTA

«Io e mio marito non discutiamo mai».
«Neppure quando lui ha ragione?».
«Non lo so; questo non è mai accaduto!».

LA NATURA VUOLE IL SUO SFOGO

«Sei proprio noioso: adesso parli mentre dormi!».
«Cara mia, la natura vuole il suo sfogo: se tu mi lasciassi parlare un po' mentre sono sveglio...».

CONSIGLI MATERNI

Dopo aver dato una serie di consigli alla figlia, che si sposerà la mattina dopo ed è comprensibilmente

emozionata, la madre così conclude: «E soprattutto ricordati di non farti mai vedere da tuo marito completamente nuda».
Celebrate le nozze, dopo alcuni giorni di matrimonio il marito domanda alla sposina: «Senti, amore. Levami una curiosità. Nella tua famiglia c'è stato qualche matto?».
«No, amore. Ma perché me lo chiedi?».
«Beh... sono ormai due settimane che siamo sposati e ogni notte tu vieni a letto con quel pazzesco cappellino in testa!».

CONSIGLI MATERNI 2

Una madre dà gli ultimi consigli alla figlia, la vigilia del matrimonio:
«...E ricordati soprattutto di non discutere mai con tuo marito: piangi!».

FUGA DISPERATA

Il vigile di un paese ferma un automobilista per eccesso di velocità.
«Posso spiegarle», inizia quest'ultimo, piuttosto agitato.

«Niente spiegazioni, le darà al commissario», taglia corto l'agente. L'uomo viene quindi condotto al commissariato.

Dopo due ore il poliziotto che lo ha fermato riappare.

«Lei ha fortuna», dice, «il commissario tornerà tra breve dal matrimonio di sua figlia. Sarà di ottimo umore...».

«Non ci conti», replica rassegnato l'automobilista, «io sono lo sposo...».

La vera riconoscenza

Una signora che sta leggendo il giornale, si rivolge al marito: «Senti questa: nel New Jersey un miliardario ha lasciato tutte le sue sostanze a una donna che si era sempre rifiutata di sposarlo...».

«Vedi, cara, che la riconoscenza non è ancora morta?».

Mostri

«Avvocato, voglio divorziare da mio marito. Questo mostro è entrato in camera da letto, l'altra notte, mentre io ero mezza addormentata e ha cercato di

OGGI HO AVUTO UNA BRUTTA LITE CON IL CAPO... SE NON RITIRA QUELLO CHE HA DETTO, DOMANI NON VADO IN UFFICIO!
..COSA DIAVOLO TI HA DETTO?
SEI LICENZIATO!

picchiarmi. E ci sarebbe anche riuscito se non ci fosse stato Giorgio che si è svegliato e mi ha difeso!».

MAI CHE TI CREDANO...

Franco sta tornando a casa quando la sua automobile si blocca all'improvviso. Mentre con la testa china sul motore sta cercando di capirci qualcosa, sente un colpo di claxon. Si gira e vede una meravigliosa ragazza su un'auto sportiva che gli chiede: «Hai bisogno di aiuto?».

Franco le spiega che non riesce a mettere in moto la macchina. La ragazza lo invita a salire, lo porta a casa sua, gli offre un aperitivo e telefona al suo meccanico pregandolo di riparare l'auto di Franco e di portargliela sotto casa. Poi gli prepara una cena a lume di candela e quindi gli chiede se ha voglia di stendersi un po' con lei sul divano. Dopo aver fatto sesso fino alle tre del mattino, Franco prende la sua macchina e torna a casa. Non appena lo sente rientrare, la moglie si precipita furiosa da lui urlando: «Si può sapere dove sei stato fino a quest'ora?».

«Sai, stavo tornando a casa e mi si è rotta la macchina. Stavo cercando di capire cosa fosse successo

quando è passata una bellissima ragazza su una macchina sportiva. Mi ha fatto salire, ha telefonato al meccanico, dopo di che abbiamo cenato e...».
«La vuoi finire con queste balle? Confessalo, sei stato di nuovo a giocare a carte con i tuoi amici».

COME TE NON C'È NESSUNA

Due giovani in procinto di sposarsi passeggiano teneramente abbracciati.
A un certo punto, con voce suadente lei gli sussurra: «Amore, dimmi: preferisci una donna bella o una donna intelligente?».
«Né l'una né l'altra, tesoro, sai bene che sei tu quella che amo!».

COME TE NON C'È NESSUNA 2

Due amici discorrono di un comune conoscente.
«Allora è vero che sta per risposarsi?», dice uno.
«Sì, è cosa certa», fa l'altro.
«Ma scusa, non diceva sempre che in tutto il mondo non esisteva una donna come la sua prima moglie?».
«Già, lo diceva sempre; è proprio per questo che si arrischia a sposarsi un'altra volta».

Pillole miracolose

Una giovane fanciulla va sposa, all'indomani, a un vecchio signore. Tra le ultime spese, non dimentica di entrare in una farmacia. Qui, un po' esitante, si rivolge al farmacista e gli chiede: «Dottore, domani mi sposo e per non mettere a disagio mio marito che ha molti anni più di me, avrei pensato di regalargli delle pillole afrodisiache. Ne ha?».

Il farmacista va nel retro e dopo un po' torna con un tubetto che porge alla ragazza con molti auguri.

Dopo una settimana, la giovane passa nuovamente dalla farmacia. Il farmacista la riconosce e le domanda: «È andato tutto bene, signora?».

«Straordinarie le sue pillole, dottore. Pensi che mio marito, credendo che due non fossero sufficienti, ha preso tutto il contenuto del tubetto. Non le dico che notte! Si è comportato meglio di un ragazzo di vent'anni. Ed è grazie a lei se, dopo tanto amore, è morto felice...».

Le precauzioni non bastano mai

Una signora, con l'aria molto preoccupata, va dal medico per avere i risultati di un esame:

«Bene, cara signora...», le dice lo specialista dopo

QUANTI MARITI HAI AVUTO?
..MIEI O DELLE ALTRE?

averle fatto una visita molto accurata, «lei sarà di nuovo mamma».
«Cosa mi dice, dottore? Ancora! Dio mio! Ci sono rimasta per la sesta volta!».
«Ma scusi, suo marito non prende precauzioni?». obietta il medico.
«Lui, sì!», risponde la donna. «Ma gli altri?».

SOSPETTI INGIUSTIFICATI

Il marito alla moglie: «Ho visto un tuo nudo nello studio del tal pittore!».
«Ma cosa dici! Non ho mai posato per lui! L'avrà dipinto a memoria!».

TELEFONATE ALLE AMICHE

«Signor commissario, vengo a denunciare la scomparsa di mia moglie».
«Da quanto tempo manca?».
«Da una settimana».
«E lei viene soltanto ora a denunciare il fatto?».
«Beh, mi aveva detto che scendeva un momento al bar per telefonare a una sua amica; perciò i primi giorni non mi sono preoccupato...».

La famiglia di lui

«Papà, com'è cattivo il mondo!».
«Che ti è successo, figlia mia?».
«L'altro giorno sono andata a conoscere la famiglia di lui...».
«Ebbene?».
«Sua moglie mi ha fatto una scenata terribile!».

Pensano sempre solo a quello...

Marito e moglie sono a letto. Il marito bacia la moglie e le chiede: «Cara, vorresti....?».
La moglie risponde: «Scusa, ma stasera ho un gran mal di testa e sono terribilmente stanca».
Il marito dice: «Capisco, mi dispiace».
La notte dopo lui ci riprova e la moglie risponde: «Mi spiace, ma ho un tremendo mal di denti».
Lui dice: «Capisco, non preoccuparti».
La terza notte fa un altro tentativo e questa volta la moglie urla: «Tre notti di fila! Maniaco sessuale!».

Effetto letto

Gloria si presenta alle amiche con una nuova, bellissima pelliccia, regalatale dal marito. Queste, un po'

invidiose, non possono trattenersi dal domandarle: «Ma è meravigliosa, come sei riuscito ad averla?».
«Con il letto».
«Che vuoi dire? Con tuo marito a letto?».
«No, era mio marito che era a letto con Clara e io sono rientrata in anticipo dalle vacanze».

CHE BAMBINO BURLONE!
«Mammina, mammina, nella stanza della cameriera c'è un uomo nudo!».
Shock nel salotto dove la signora e le sue amiche stanno giocando a bridge. Un istante dopo: «È uno scherzo! È uno scherzo! Nella stanza della cameriera c'è solo papà!».

È PECCATO?
«Padre, padre..».
«Che c'è, figlio mio?».
«Qualche volta mi capita che, mentre faccio l'amore, parlo con mia moglie... È peccato?».
«Dipende. In che momento preciso parla con sua moglie quando sta facendo l'amore?».
«Sa, quando lei mi telefona...».

MARTA, COSA CI FA QUEST'UOMO SOTTO AL LETTO ?!
..SOTTO AL LETTO, NIENTE... MA QUANDO ERA SOPRA...

Ah, non aver studiato le lingue!

«Pensa un po' che tragedia! Oggi torno a casa verso le undici e trovo mia moglie a letto con uno straniero. Che vergogna!».

«E cosa hai detto?», chiede l'amico.

«Cosa dovevo dire? Quello era un inglese e io non conosco la lingua!».

Condoglianze pelose

La moglie di un contadino è deceduta in seguito a un calcio infertole da un asino. Quasi tutti gli amici, prima dei funerali, si avvicinano al desolato marito e gli mormorano qualcosa all'orecchio. A funerali avvenuti, gli si avvicina il parroco e gli dice: «Quelli sono veramente degli amici. Ma, dimmi un po', perché ti facevano tutti le condoglianze sottovoce?».

«Beh... condoglianze... a dir la verità ognuno mi chiedeva quando avrei potuto prestargli l'asino».

Sillogismi coniugali

«Va bene, d'accordo, Luisa, sono ubriaco; d'altra parte pensi proprio che sarei rientrato a casa, se non lo fossi?».

IO E MIA MOGLIE SIAMO STATI FELICI PER VENT'ANNI... POI, PURTROPPO, IL DESTINO CI HA FATTO INCONTRARE..

PENSARE CHE A VOLTE BASTEREBBE PARLARSI...

È ormai tanto tempo che marito e moglie non si parlano più, pur continuando a vivere sotto lo stesso tetto.

Quando hanno qualcosa di urgente da dire, se lo comunicano per iscritto, lasciando dei messaggi sul comodino o attaccando dei biglietti sulla porta.

Una sera, prima di coricarsi, lui lascia un biglietto sul tavolo: «Domattina parto per Roma: svegliami alle sei e mezza!».

«O.K.», è il biglietto di risposta della moglie.

Lui va a letto e dorme saporitamente fino a quando la luce entra dalle imposte e lo sveglia.

Apre un occhio, si stiracchia e guarda l'orologio sul tavolino da notte: le dieci e mezza.

Scende immediatamente dal letto, sta per mettersi a gridare, ma non può perché legge su un biglietto posato sul tavolino:

«Sono le 6,30, sveglia!».

SPOSINO IMPAZIENTE

«Cara, finalmente soli. Ti voglio subito, subito, subito... Che bello essere insieme. Sono felice: e poi, sai, credevo proprio che tu non fossi vergine!».

«Forse, caro, dovevi lasciarmi il tempo di togliere il collant».

QUANDO IL MARITO NON È GELOSO...

«Caro», dice la moglie bruttina al marito, «hai visto, quell'uomo mi ha guardato e ha sorriso. Sei geloso?».
«Geloso? E perché, scusa, anche a me la prima volta che ti ho vista è venuto da ridere!».

POVERA BESTIA!

Una donna indossa la sua nuova pelliccia di visone per uscire di casa, quando viene fermata dal figlio:
«Mamma, chissà quanto avrà sofferto quella povera bestia per darti questa pelliccia...».
«Pierino, ti proibisco di parlare così di tuo padre!».

UN SEMPLICE FLIRT...

«La sai la novità?», dice una ragazza a un'amica. «La settimana prossima mi sposo con Franco».
«Davvero? Credevo che si trattasse di un semplice flirt».
«Lo credeva anche Franco».

Bugie pietose

«Perché», chiede la moglie (una donna brutta e antipatica) al marito, «dici a tutti i nostri amici che mi hai sposata per i soldi? Lo sai bene che non ho mai avuto il becco di un quattrino...».
«Che cosa vuoi», risponde il marito, «quando mi chiedono sorpresi perché ti ho sposata, devo pur trovare un motivo».

Non sempre l'alcol fa male

Marco e Giovanna sono una coppia molto litigiosa. Una sera, seduti in salotto, Marco comincia a guardare la moglie con un sorriso di beatitudine sul viso.
«È strano», le dice, «come un bicchierino di whisky possa darti un'aria così dolce e simpatica...».
«Ma io non ho bevuto!», replica seccamente la moglie.
«Io sì», fa il marito.

Giudici maschilisti

Una contadina chiede il divorzio dal marito per crudeltà mentale.
«A me non rivolge mai la parola!», spiega al giudice.
«Parla solo con la sua mucca... Non è assurdo?».

«Mica tanto!», osserva il giudice. «Le mucche ascoltano senza fare commenti».

CHI DICE DONNA...

Un giornalista visita una clinica psichiatrica.

«Quello», gli dice il direttore, indicandogli un paziente in preda a una crisi di sconforto, «è un giovane che un anno fa è stato abbandonato dalla sua ragazza, la quale ha sposato un altro... Lui è caduto in un grave stato di depressione, da cui non si è ancora ripreso...».

«È questo?», chiede il giornalista, indicando un altro ricoverato che presenta gli stessi sintomi depressivi del primo.

«È il giovane che ha sposato quella ragazza».

I RISCHI DEL CELIBATO

Due amici, l'uno felicemente sposato e l'altro incrollabilmente scapolo, parlano del matrimonio.

«Sei ancora convinto», domanda il primo, «che il celibato offra sempre dei vantaggi?».

«Non sempre», risponde il secondo. «Ci sono dei mariti che lo rendono pericoloso».

LE ULTIME VOLONTÀ

Un tizio redige il testamento nominando sua moglie erede universale, a patto che si risposi entro tre mesi dalla sua scomparsa.
«Ma come mai questa clausola bizzarra?», gli chiede il notaio.
«Voglio che ci sia almeno un uomo sulla terra che rimpianga la mia morte».

LE PRIME VOLONTÀ

Un tale sposa una donna terribile e dispotica, che praticamente non gli lascia mai aprire bocca.
Il poveretto trascorre così tutta la vita, senza mai trovare il coraggio di ribellarsi. Infine muore e gli eredi vengono convocati per l'apertura del suo testamento.
Il notaio comincia a leggere: «Queste sono le mie prime volontà...».

LA COSTANZA È LA BASE DEL MATRIMONIO

«Ogni giorno mia moglie mi chiede un vestito nuovo».
«E tu glielo compri?».
«No. E per questo che me lo chiede ogni giorno».

VORREI DEL CIANURO..
HA LA RICETTA?..
NO, MA HO LA FOTO DI MIA MOGLIE..
MAL di TESTA?

Ah, i bei tempi del fidanzamento!

«Come ti ha cambiato il matrimonio!», dice la giovane sposa al marito. «Quando eravamo fidanzati baciavi con passione i miei capelli, ora guai se ne trovi uno nella minestra!...».

Urgenze

Due signori si contendono l'unico tassì libero della zona. «Ho una fretta terribile!», dice uno. «Mia moglie aspetta un bambino...».
«Io ho ancor più fretta!», ribatte l'altro. «Mia moglie aspetta me».

Salvare le apparenze

Al culmine di un litigio al ristorante, la moglie urla al marito:
«Di tutti gli esseri miserabili della Terra, tu sei il più ignobile!».
Gli altri avventori guardano incuriositi verso la tavola dei due.
Il marito cerca di darsi un contegno e, senza perdere la calma, ribatte ad alta voce:
«Ah!... E lui che cosa ti ha risposto?».

GUARDA QUELLA RAGAZZA, PAPÀ!..LA METTIAMO IN PENTOLA QUESTA SERA?
...MA CHE SEI SCEMO?... CE LA PORTIAMO A CASA E CI MANGIAMO LA MAMMA!

IL REGALO PIÙ GRADITO

La moglie: «Caro, che cosa ti farebbe piacere per il tuo compleanno?».
Il marito: «Un minuto di silenzio».

MATRIMONIO, TOMBA DELL'AMORE

«Durante i primi mesi del mio matrimonio, avevo l'abitudine di svegliare mio marito con un bacio».
«E adesso?».
«Gli ho comprato una sveglia».

CATECHISMO

Domanda il curato a uno dei suoi piccoli allievi:
«Quale peccato ha commesso Adamo?».
«Ha mangiato il frutto proibito».
«E come è stato punito?».
«Ha dovuto sposare Eva».

DESIDERI PROIBITI

«Vorrei sposare una donna bella, intelligente, amante della casa...».
«Non lo sai che la poligamia è proibita?».

Nuova direzione

Un signore passa davanti al suo abituale ristorante e legge su un cartello appeso alla porta: *Nuova direzione.*

Il signore entra e chiede a un cameriere:

«Il proprietario ha venduto?».

«No, ha preso moglie».

Vedovi inconsolabili

Un uomo piange disperato accanto alla salma della moglie.

«Non credi che la rivedrai in cielo?», cerca di consolarlo un amico.

E l'altro:

«È appunto per questo che piango!».

Vedovi inconsolabili 2

Il padrone: «Disgraziato, dacché è morta tua moglie ti ubriachi tutti i giorni... Prima non ti ubriacavi che un paio di volte la settimana. Esigo che ti risposi al più presto!».

Il servo: «Oh, signore, lasciatemi ancora un po' in preda al mio dolore!».

Cortesie tra vicini

Una signora telefona a una bella ragazza che abita in una villetta vicino alla sua:
«Signorina», le dice, «le dispiacerebbe indossare il costume per prendere il sole? Vorrei che mio marito cominciasse a tagliare l'erba del prato...».

Colpa del vino

«Lei», dice il commissario all'arrestato, «ha sparato un colpo di fucile contro sua moglie...».
«È colpa del vino», risponde l'altro.
«Fortunatamente l'ha mancata...».
«È colpa del vino anche questo».

Quando si dice fortuna

«Mi dicono che ti sei sposato quattro volte e tutte e quattro le tue mogli sono al cimitero».
«Sì, è andata proprio così, amico mio».
«E come hai fatto a...».
«Oh niente!... Ho avuto fortuna, ecco tutto», conclude quello modestamente.

..E DI CHI SAREBBE QUESTO CAPELLO VERDE ?!
TERRA MARTE e RITORNO
CAPE CANAVERAL
U.S.A.

Paragoni letterari

Un oratore conclude così la sua conferenza sulla vita coniugale: «Il matrimonio è una *Divina Commedia* alla rovescia: prima c'è il Paradiso, poi il Purgatorio, poi l'Inferno».

Illuminazioni

Il marito legge sul giornale: "Donna caduta da una rupe".
Resta un po' soprappensiero, poi di colpo chiede alla moglie: «Cara, che ne diresti se andassimo a fare una bella gita in montagna?».

Non si sa mai

Rossi apre per sbaglio una lettera indirizzata alla moglie: «Non capisco cosa voglia ancora da te questa gente. È la seconda volta che un'agenzia matrimoniale ti chiede di rinnovare l'iscrizione. Che razza di storia è questa?».
«Niente caro, una sciocchezza», minimizza la signora.
«È ancora una faccenda dell'anno scorso... ti ricordi quel periodo in cui non stavi tanto bene?...».

Prenderli per la gola

«Amo tanto il mio maritino», confessa una giovane sposa all'amica del cuore, «che per lui ho anche imparato a cucinare, benché sia una cosa che non posso soffrire. Ieri, per esempio, è tornato da un lungo viaggio d'affari e gli ho fatto la sorpresa di fargli trovare un pranzetto tutto cucinato con le mie mani».

«E che ha detto lui quando gliel'hai portato?».

«Niente. È ripartito subito».

Sintomi inequivocabili

«Come va col tuo Giulio, cara?».

«Credo proprio che stia per sposarmi».

«Ah sì? e che cosa te lo fa pensare?».

«Comincia a detestare mia madre».

Vedove inconsolabili

Una giovane vedova molto appariscente, subito dopo la morte del marito sposa il fratello di lui: avvenimento che non manca di suscitare molti commenti malevoli.

Qualche tempo dopo, la coppia dà un ricevimento per

festeggiare le nuove nozze e tutti si precipitano, avidi di spettegolare sulla bella non più vedova. Un invitato, scorgendo sul caminetto del salone un ritratto a olio del precedente coniuge, chiede ad alta voce, per essere certo che tutti sentano: «Chi è quel signore?».
E la bella, alzando appena gli occhi dal suo cocktail: «Oh, è il mio povero cognato, morto qualche mese fa».

VEDOVE INCONSOLABILI 2

Il povero signor Rossi è deceduto improvvisamente mentre si trovava al caffè impegnato in una faticosa partita al biliardo. Gli amici corrono dalla moglie per darle, con tutte le precauzioni del caso, la ferale notizia.
«Salve amici, qual buon vento vi porta?», chiede la donna sorridendo.
«Ecco, siamo qui per...», comincia uno, imbarazzato.
«Ma sedetevi vi prego», dice la donna cortesemente, «e scusatemi se, mentre parliamo, continuo a far da mangiare. È già tardi».
«Siamo venuti per Mario», tenta di dire un secondo amico.
 «Sì, che c'è?». E intanto borbotta: «Queste patate

COME VA TUA MOGLIE?
OH, È UN ANGELO!
BEATO TE!... LA MIA, INVECE, È ANCORA VIVA..
BUS
10
13
15
17

non vogliono saperne di lasciarsi pelare. Sono già in ritardo e a Mario piacciono tanto le patate fritte».

«Guardi che noi eravamo al caffè e Mario...».

«Cosa ha fatto Mario, sentiamo...».

«Ebbene, Mario, poveretto, ha avuto un colpo ed è morto».

«È morto?», dice la donna perplessa, «Se è così posso smetterla con queste patate. Per me ce n'è abbastanza!».

La prova

A Milano, in una via del centro, due coniugi litigano furiosamente: «Ma smettila!», grida l'uomo a un certo punto. «Smettila! Tanto è come se tu non esistessi. Tu non esisti, ecco! La vuoi capire che non ci sei proprio, che non conti, che non sei niente?».

«Ah è così! Io non esisto? Io non conto?», esplode la donna inviperita.

«Ma certo», conferma il marito, «tu non esisti. Ne vuoi la prova?». E così dicendo ferma un tassì: «Quanto mi verrebbe a costare una corsa fino alla Stazione Centrale?», si informa.

«Sei euro circa, signore».

 «E se porto mia moglie?».

«La stessa cifra, signore».
«Visto?», urla l'uomo alla moglie. «Visto, testarda?».

COME PERDERE IL VIZIO DEL BERE

Un certo signore, amantissimo del bere, smette di colpo la sua brutta abitudine.
«Mi sai dire come hai fatto?», gli chiede un conoscente, ammirato. «Come hai potuto troncare così bruscamente?».
«Te lo dico subito», risponde il signore. «Ricordi la vigilia di Natale quando mia suocera venne a farmi visita?». «Sì, e allora?».
«Be', quando sono andato ad aprire la porta ne ho viste tre di suocere...».

DONNE E MARINAI

La nave sta facendo scalo in un porto e tutti i marinai si precipitano a terra; tranne uno che rimane sul ponte.
«Tu non scendi?», gli chiede il comandante. «Come mai? Sei il solo a non avere una moglie qui?».
«Al contrario comandante», risponde il marinaio. «Sono il solo ad averne una».

Precauzioni matrimoniali

Un amico all'altro: «Scusa, perché quando scrivi a tua moglie fai anche una brutta copia da conservare? Hai paura di ripeterti?».
«No, ho paura di contraddirmi».

Il giudice ideale in caso di divorzio

Due amici si incontrano; uno di loro è allegrissimo: «Ti annuncio che ho divorziato e non soltanto sono libero ma il giudice ha pronunciato la sentenza dando tutti i torti a mia moglie».
«Sei stato fortunato», ribatte l'amico, «ma, detto fra noi, mi sembra che il giudice sia stato eccessivamente severo con tua moglie...».
«Capirai, quello era il suo primo marito...».

Volubilità femminile

In Africa, in mezzo a un fiume, un uomo è impegnato in una furiosa lotta corpo a corpo con un coccodrillo. Sta per avere la meglio quando sente la voce della consorte gridare dalla spiaggia: «Caro, caro, lascia andare il coccodrillo, ho cambiato idea! La borsetta la voglio di serpente...».

SE DICI SOLO UN'ALTRA PAROLA, ME NE TORNO DA MIA MADRE!
TAXI!

PAESE CHE VAI...

Ecco come, secondo un giornale, reagiscono nei diversi paesi le donne ingannate:
"La francese uccide la sua rivale; l'italiana uccide il marito; la spagnola uccide tutti e due; la tedesca si suicida e l'americana fa il calcolo di quanto potrà chiedere per gli alimenti...».

CHI PORTA I PANTALONI

«Grazie al cielo a casa mia comando io. L'ultima parola spetta a me».
«E che cosa dici?».
«Sì cara, hai ragione».

SEMPRE QUELLA TUA MANIA DI DISCUTERE!

Gennarino sta morendo. La moglie al suo capezzale piange perché poco prima il medico ha detto, a voce non troppo bassa: «Si rassegni signora, il poveretto è perduto».
Vedendo tutta quella disperazione, il morituro si commuove e, sollevandosi debolmente, ansima: «Coraggio, cara, non piangere; forse riuscirò a cavarmela».

E lei: «Zitto, sciocco! Sempre quella tua mania di discutere. Credi forse di saperne più del dottore?».

Dall'indovina

«Cara signora, devo purtroppo darle una triste notizia», dice l'indovina guardando nella palla di vetro. «Nel suo prossimo futuro vedo una tremenda disgrazia».

«Mi dica, mi dica, non mi lasci con il cuore sospeso».

«Vede, sia forte; suo marito morirà presto di morte violenta».

«Ah sì? Ma mi dica: io, al processo, verrò condannata o assolta?».

Onori alla cuoca

Nel pieno della notte, una moglie viene svegliata da dei rumori provenienti dalla cucina. Subito scuote il marito: «Svegliati! C'è un ladro qui a casa! Si trova in cucina e credo proprio che stia mangiando il resto della cena».

«Non preoccuparti, cara, e cerca di dormire», risponde il marito girandosi dall'altra parte, «...domattina ci penserò io a seppellire quel poveraccio!».

Non tutto il male vien per nuocere

Un giovane marito tornando a casa dal lavoro trova la mogliettina in lacrime.

«Su, su cara, che c'è? Avanti, dillo al tuo amore».

«Avevo preparato un bellissimo dolce, tutto fatto da me e quel cattivone del cane se l'è mangiato».

«Be' cara, non piangere, vedrai che a tutto si rimedia. Compreremo un altro cane».

La cavia ideale

Un celebre naturalista aveva dato ordine che una nuova specie di funghi da lui scoperta e raccolta fosse cucinata e servita a sua moglie durante la cena.

Il mattino seguente lo scienziato si informa ansiosamente:

«Dormito bene, cara?».

«Benissimo, come meglio non si potrebbe».

«Nessun disturbo? Dolori intestinali, vomito, o qualcosa del genere?».

«Assolutamente niente».

«Magnifico!», commenta lo scienziato con entusiasmo. «Ho scoperto un'altra qualità di funghi non velenosi».

OH, NO! ANCHE OGGI UOVA AL TEGAMINO!.. NON LE VOGLIO!
MA COME! È DA QUANDO SIAMO SPOSATI CHE TE LE FACCIO E NON TI SEI MAI LAMENTATO!

IL PIÙ GRANDE AMICO DELL'UOMO

Il signor Rossi incontra il signor Bianchi e gli dice: «Il vostro cane è un pericolo pubblico. Recentemente ha morsicato mia suocera e anche adesso, tutte le volte che la vede, non fa che ringhiare».

«Me ne dispiace moltissimo», risponde Bianchi sinceramente contrito.

«Vedrete che ciò non accadrà più. Voi avete ragione di essere in collera ma...».

L'altro non lo lascia finire: «Non è che sia in collera, solo vorrei chiedervi se ci state a vendermi il cane".

TRA CANNIBALI

Un cannibale si confida con un amico:

«Ti dirò la verità, non so che farne di mia moglie!».

L'amico comprensivo:

«Vuoi che ti presti il mio manuale di cucina?».

TRA CANNIBALI 2

Due indigeni parlano delle proprie mogli.

«La mia è un po' troppo magra...».

«Be', vedi di farla mangiare...».

«E da chi?».

Sfiducia coniugale

I signori Rossi sono usciti a fare una passeggiata e la signora regge in braccio il figlioletto di pochi mesi. Mentre passano davanti a una latteria, la signora si ricorda di essere sprovvista di latte e di uova e prega il marito di entrare ad acquistarli.
Disciplinatamente il signor Rossi esegue e, quando esce dal negozio, la moglie gli dice: «Su, dai a me il pacco e prendi tu il bambino».
«Ma perché, scusa?».
«Come se non ti conoscessi... tu lasci sempre cadere tutto».

Gusti coniugali

Una ragazza si congratula con una signora: «Davvero si può dire che lei e suo marito formiate una coppia ideale. Avete perfino gli stessi gusti».
«Esatto», replica l'altra. «Ma pensi che ci sono voluti ben dieci anni perché mio marito smettesse i suoi...».

Rimpianti

Un tale, al bar, racconta le sue ultime disavventure: «Pensate che dovevo imbarcarmi anch'io sulla nave

che è affondata. Che sciagura! Mia moglie e mia suocera, entrambe perdute! E anche la mia valigia».
Una pausa, poi con un lungo sospiro: «Una valigia di cuoio, nuovissima».

Calunnie maschili

«Confessa, tu vuoi sposarmi perché ho cinque milioni di dote».
«Ma no!... Ti sposerei anche se ne avessi la metà».

Sogni proibiti

«Ah, potessi comprare una casetta in montagna e passarci il resto della mia vita con la donna che amo!».
«E perché non lo fai?».
«Credo che mia moglie non sarebbe d'accordo».

Logica femminile

Lui, urlando: «Ma sei pazza a ordinare un simile vestito quando io sono alla vigilia del fallimento? Non sai che non abbiamo più una lira?».
Lei, sorridente: «Certo che io lo so, caro. È la sarta che non lo sa».

CIELO, MIO MARITO!...PRESTO, SALTA DALLA FINESTRA!
MA SEI PAZZA! SIAMO AL TREDICESIMO PIANO!
..E TI PARE QUESTO IL MOMENTO DI FARE IL SUPERSTIZIOSO?!
CIAO, CARA!

Non esageriamo!

Il celebre clown russo Popov, parlando con un giornalista, non faceva che elogiare la donna, la sua bellezza, il suo fascino, e via dicendo.
«Perché allora non si sposa?», gli chiese il giornalista.
E Popov, ridendo: «Perché, scusi, lei quando ha sete si getta forse in un fiume?».

Coincidenze

Un giovanotto ha appena chiesto a un milionario la mano di sua figlia.
«Voi desiderate sposare la mia bambina? Ebbene, la mia risposta dipende dalla vostra situazione finanziaria!».
«Che combinazione, signore! La mia situazione finanziaria dipende proprio dalla vostra risposta!».

La spiegazione

Eccitatissima, la signora Rossi si precipita a casa e racconta al marito: «Oggi al mercato mi hanno chiamata "signorina". Non riesco ancora a convincermene!».

E lui, maligno: «Calmati, mia cara. Non puoi farne una colpa a quella gente: come potevano immaginare che qualcuno ti avesse sposata?».

La spiegazione 2

La moglie: «Io dico sempre quello che penso».
Lui: «Capisco allora perché non dici mai una parola».

Non dovevi morire!

Un uomo singhiozza davanti a una tomba gridando: «Tu non dovevi morire! Non dovevi morire».
Commosso, un altro visitatore gli si avvicina: «Come vi capisco», mormora al piangente. «Si tratta forse di vostra madre, o di vostro padre?».
«Di nessuno dei due», singhiozza convulsamente l'uomo. «No, in questa tomba c'è la buonanima del primo marito di mia moglie».

Caratteracci maschili

Una moglie confida alla propria madre: «Che carattere ha mio marito! Riesce a sorridere solo quando minaccio di andarmene!».

UN GOCCETTO... COSÌ, SOLO PER FARSI CORAGGIO

La mattina del giorno delle nozze, una ragazza si presenta in chiesa col fidanzato ma, anche a prima vista, appare evidente che il giovanotto è un po' troppo "allegro".

«Ma come», la rimprovera il parroco, «non ti vergogni a presentarti con un uomo in questo stato?».

«Sì, un po', padre, ma la ragione c'è... se non fosse in questo stato non sarebbe qui...».

RESOCONTI MATRIMONIALI

«Ieri sera sono tornato a casa ubriaco fradicio».

«E tua moglie che cosa ti ha detto?».

«Se hai due ore di tempo te lo ripeto».

LA PENITENZA

Un giovanotto, alla vigilia del matrimonio, va a confessarsi. Terminata la confessione, sta per andarsene, quando gli viene in mente che non ha avuto la penitenza. «Reverendo», dice, «non mi ha dato la penitenza».

«Non importa, figliolo», risponde il parroco, «tanto ti sposi domani!».

NON MI DISPIACEREBBE AF-FATTO DIVENTARE LA SECON-DA MOGLIE DI UN VEDOVO..
CERTO.. È SEMPRE MEGLIO ESSERE LA SECONDA PIUTTOSTO CHE LA PRIMA..

Solidarietà maschile

«Potrei rimanere assente dall'ufficio domani?», chiede un impiegato al suo direttore generale. «Sa, mia moglie desidera che l'aiuti a riordinare la casa da cima a fondo».

«Mi dispiace», replica il direttore, «ma in questi giorni abbiamo troppo lavoro e non possiamo darle il permesso».

«Grazie signor direttore, sapevo di poter contare su di lei».

Solidarietà maschile 2

Il convalescente al medico curante: «Dottore, mia moglie insiste perché domani esca per la prima volta per accompagnarla a fare delle spese».

«Impossibile, caro signore, impossibile!».

«Grazie, dottore, mille grazie...».

Guarigioni miracolose

«Complimenti! Ho saputo che vostra moglie è perfettamente guarita dai suoi disturbi!».

«E come no?! Il dottore le ha detto che si trattava di un fenomeno della vecchiaia...».

FIDUCIA MOTIVATA

Due amiche parlano dei loro mariti.
«Il mio va spesso a caccia...».
«E tu ti fidi? Non sai che la caccia è una delle scuse più utilizzate dagli uomini per tradire le mogli?».
«Io credo che ci vada veramente. Torna sempre a casa a mani vuote...».

IL PUPONE

«Dottore», dice una signora a uno psicologo, «sono preoccupata: la settimana scorsa ho visto mio figlio giocare con i soldatini di piombo... Questa mattina l'ho sorpreso su un cavallo a dondolo vestito da pellerossa...».
«È perfettamente normale», commenta il medico.
E la signora: «Normale? A me non sembra... e non lo sembra nemmeno alla moglie di mio figlio».

LITIGIO FAMILIARE ALLO... STADIO

Una signora: «Arbitro, sei buono solo a lavare i piatti!».
Un signore: «Ma come fa lei a saperlo?».
La signora: «Io sono sua moglie».

In cambio della dote

Il futuro suocero dice al futuro genero: «Io darò a mia figlia centomila euro di dote. E lei, che cosa darà?».

«Una regolare ricevuta».

Pretendenti

«Ho due pretendenti ricchissimi e un grosso problema...».

«Quale?».

«Non so chi sposare per primo».

Odor di bruciato

Un tale, rientrando a casa, sente odore di bruciato. «Cara», dice, «stai cucinando o stai stirando le mie camicie?».

Economia domestica

«E così trovi più economico far tu la cucina, anziché servirti di una cuoca?».

«Ma certo: mio marito ora non mangia nemmeno la metà di quello che mangiava una volta».

HAI DELLE FOTO DI TUA MOGLIE NUDA?
NO, NATURALMENTE..
BEH, ALLORA TIENI QUESTE. IO LE HO DOPPIE..

Perché i mariti dimenticano gli anniversari

Due mariti parlano delle loro mogli.

«Quello che non riesco a capire», dice il primo, «è come fanno a ricordare perfettamente tutti gli anniversari: quello del primo incontro, quello del fidanzamento, quello del matrimonio...».

«E invece noi», fa l'altro, «ce li dimentichiamo sempre. Chissà come mai?».

«È semplice, ti ricordi quel giorno che hai pescato quell'enorme pesce di cinque chili?».

«Altroché, e chi se lo dimentica?».

«Ora mettiti nei panni del pesce: pensi che lui se lo ricordi?».

Fidanzati imprudenti

Paolo incontra l'amico Piero che ha un'aria molto triste e gli chiede che cosa gli sia successo.

«Francesca mi ha piantato alla vigilia del matrimonio!», sospira Piero.

«E pensare che gli avevi anche parlato del tuo vecchio zio milionario!», esclama Paolo.

«Appunto! Adesso Francesca è mia zia!».

Cura drastica

Una coppia visita il Salone dell'Automobile.

Allo stand della Rolls Royce troneggia l'ultimo modello della famosa casa britannica.

Con noncuranza il giovane si avvicina a uno degli addetti allo stand, estrae il libretto degli assegni e dice: «La compro! Quant'è?».

La sposina sbianca in volto credendo che il marito sia impazzito.

Questi ripone il libretto degli assegni e, sorridendo, le fa: «Ti è passato il singhiozzo, cara?».

Precauzioni indispensabili

«Che ne hai fatto di quel libro intitolato *Come vivere cento anni*?», chiede la signora Luisa al marito. «Non penserai per caso che io voglia lasciare quel libro in giro, con tua madre in casa...».

Precauzioni indispensabili 2

«Ho notato che hai il difetto di rimproverare tua moglie in presenza di altre persone...».

«Non è un difetto, è una precauzione: quando sono solo ho paura».

Finalmente un uscita insieme

Un signore e sua moglie hanno appena cenato e stanno per sedersi davanti al televisore, quando si accorgono che l'appartamento è in preda alle fiamme. Mentre scendono precipitosamente le scale, lei prende la mano del marito e gli dice commossa: «Caro, è la prima sera che usciamo insieme in vent'anni di matrimonio!».

Amore inossidabile

Nella discreta penombra di un night-club, a un tavolo d'angolo, una coppia sta discutendo animatamente.

«Non è vero», dice lei a lui, «che ti amo perché sei il re dell'acciaio... ti amerei anche se tu fossi il re dello stagno, o dell'alluminio!».

Ognuno litiga a modo suo

«I miei vicini di casa sono due coniugi sordomuti», racconta un tizio. «La sera litigano spesso, esprimendosi a gesti. E quando uno vuol far tacere l'altro, spegne la luce».

HA TERMINATO?... ALLORA COMANDO IO ADESSO?...

CONIUGI SMEMORATI

«Vedo che hai un nodo nel fazzoletto...», dice un tale all'amico incontrato per strada, «devi ricordare qualche cosa?».

«Me l'ha fatto mia moglie per ricordarmi di imbucare una lettera».

«E l'hai imbucata?».

«No, si è dimenticata di darmela!».

AMMISSIONI

«Mia moglie non ammette mai di aver torto», si lamenta un tale con un amico.

«La mia», fa l'altro, «uno sbaglio lo ammette: quello di avermi sposato».

CAUSE D'ARRUOLAMENTO

Durante la guerra, due soldati in trincea approfittano di una pausa del combattimento per scambiare quattro chiacchiere.

«Io», dice uno, «mi sono arruolato volontario perché ero solo, senza famiglia... e tu?».

«Io», dice l'altro, «perché vivevo con mia moglie, mia suocera e due cognate».

COSA NON FAREI PER TE!

«Amore mio», telefona un ragazzo alla fidanzata, «ti amo follemente!... Per raggiungerti attraverserei un fiume in piena, scalerei la più alta montagna, passerei per la foresta più infida...».
«Che tesoro», dice lei. «Ci vediamo, stasera?».
E lui: «Stasera?... Con questa pioggia?».

AH, NON POTER CONTRACCAMBIARE...

Un signore è invitato al funerale della terza moglie di un amico.
«Ci andrai?», gli chiede la consorte.
«Non me la sento!», fa lui. «È già il suo terzo invito e io non ho ancora contraccambiato...».

FULMINI PORTENTOSI

Raccontavo a un amico che, durante un temporale, un fulmine era entrato dalla porta e uscito dalla finestra senza recare alcun danno.
L'amico di rimando: «Ma questo non è niente in paragone a quello che è avvenuto in casa mia. Figurati: un fulmine aprì una dozzina di ostriche e riuscì persino a chiudere la bocca a mia suocera!».

IDEA SOLITARIA

La moglie dice al marito: «Sai, è un po' di tempo che mi frulla un'idea per la testa...».
E lui, con voce premurosa: «Non ti preoccupare, presto o tardi morirà di solitudine».

QUANDO SI ERA FELICI

«Io e mia moglie siamo stati felici dieci anni».
«E poi?».
«Poi siamo tornati a vivere insieme».

ONOMASTICO DEL MARITO

«Caro», dice la moglie al marito, «desidero proprio farti un regalo per il tuo onomastico... Quanto vorresti spendere?».

L'INCIDENTE

«Dieci anni fa ho investito una ragazza con l'automobile».
«È stato un incidente grave?».
«Gravissimo: è diventata mia moglie».

SONO ROSSI. IERI HO DENUNCIATO LA SCOMPARSA DI MIA MOGLIE... BEH, CI HO RIPENSATO.. SI PUÒ RITIRARE LA DENUNCIA?
UFFICIO PERSONE SCOMPARSE

IMPOSSIBILITÀ

«L'anno scorso ho detto a mia moglie che andavo a comprare le sigarette e non sono più tornato a casa...».

«Io non potrei mai farlo: mia moglie mi ha proibito di fumare».

IMPOSSIBILITÀ 2

«Nella sua nuova commedia», dice un impresario a un autore teatrale «ci sono troppe cose incredibili».

«Per esempio?», chiede l'autore.

«Il fatto che il protagonista chieda alla moglie il permesso di uscire la sera...».

«E che cosa c'è di strano?».

«Che lei gli risponda di sì».

IMPOSSIBILITÀ 3

Il marito accompagna la moglie dal fotografo.

«Signora», dice questi, «assuma un'aria dolce e naturale...».

«Impossibile!», interviene il marito. «O l'una o l'altra».

LO SAI CHE DA QUALCHE TEMPO PARLI NEL SONNO?
VUOI FARMI STAR ZITTO ANCHE QUANDO DORMO?

CI STARÒ UN MINUTO...

«Vado dalla nostra vicina. Ci starò un minuto», dice la moglie al marito, «e quindi ti prego di dare un'occhiata all'arrosto ogni mezz'ora».

SI SA SEMPRE COME VA A FINIRE

Il marito a un amico: «Domenica scorsa ho avuto una discussione con mia moglie: io volevo andare allo stadio, lei al cinema...».
L'amico: «Era bello il film?».

TRA NOTTAMBULI INCORREGGIBILI

«Ah, le donne! Quando rientrerò, mia moglie correrà certo a consultare l'orologio...».
«Questo è niente», risponde l'altro. «La mia guarderà addirittura il calendario!».

CHI LASCIA LA VIA VECCHIA PER LA NUOVA...

«Ciao, ho saputo che ti sei sposato».
«Sì, ero stanco di mangiare al ristorante».
«E adesso?».
«Adesso... incomincia di nuovo a piacermi».

VANTAGGI DEL MATRIMONIO

«Come si vede bene che ti sei finalmente sposato, caro Gigi: adesso infatti hai sempre la camicia perfettamente stirata».

«Già, è la prima cosa che mia moglie mi ha insegnato a fare!».

IL SEGRETO DEL SUCCESSO

Un industriale racconta a un conoscente: «Devo il mio successo negli affari a mia moglie... Infatti, sono stato costretto a guadagnare più soldi di quanti lei ne spendeva».

TURNOVER

Lei: «Hai parlato tutta la notte!».

Lui: «E tu ieri hai parlato tutto il giorno!».

MALANNI BENVENUTI

«Dottore, mia moglie si è presa un'influenza e ha completamente perso la voce...».

«Quando posso venire?».

«Il più tardi possibile...».

L'ultima parola

«Ho accompagnato mia moglie nella Valle dell'Eco e non riuscivo più a portarla via...».
«Perché?».
«Voleva avere assolutamente l'ultima parola».

L'ultima parola 2

«Stamattina ho litigato con mia moglie e ho avuto la soddisfazione di dire io l'ultima parola...».
«E che cosa le hai detto?».
«Obbedisco!».

Ricetta infallibile

«Conosco una ricetta formidabile: il pollo con la crema pasticciera», dice una signora. «Appena la nomino, mio marito mi porta al ristorante».

Ma cosa dici mai!

«Dillo», grida una donna al marito, «dillo che saresti contento se avessi sposato un altro uomo!...».
«Oh», replica lui, «lo sai benissimo che non ho mai augurato del male a nessuno».

RIBUTTA GIÚ ANCHE QUESTO
NON CI STA NEANCHE LUI, NELLA PADELLA !

UNA MERAVIGLIOSA NOTIZIA

Un signore, rincasando, è accolto dalla moglie che, commossa fino alle lacrime, gli dice: «Ti do una meravigliosa notizia: fra poco saremo in tre!...».

«Davvero?», fa il marito, commuovendosi a sua volta.

«Sì», conferma la donna. «Mia madre sarà qui stasera!».

LA NUOVA SEGRETARIA

Il direttore, alla splendida ragazza con cui ha appena terminato un colloquio di lavoro: «Bene, signorina, le referenze che presenta sono tanto buone che ben volentieri la assumo quale mia segretaria... Però mi dovrebbe portare una sua fotografia mal riuscita, per farla vedere a mia moglie...».

LA RUOTA DELLA FORTUNA

Un signore telefona concitato alla moglie: «Maria, ho fatto tredici al Totocalcio!... Prepara le valigie!».

«Che cosa ci metto?», fa lei.

E lui: «Quello che vuoi, basta che te ne vai».

NON DOVRESTI DAR RETTA
A TUTTI I FESSI CHE INCONTRI!
E ALLORA COME AVREI
FATTO A CONOSCERTI?

Enigma

«Quando gli ho detto che tra noi era tutto finito e me ne sono andata sbattendo la porta di casa», racconta una signora alla madre, «ho sentito un gran botto... ma a dire la verità non so se era un colpo di pistola o il tappo di una bottiglia di champagne...».

Acquisti su misura

Una signora torna a casa da un giro di acquisti e, tutta soddisfatta, mostra un rotolo di stoffa al marito.

«L'ho comprata per confezionarti una cravatta», dice. «Con quello che avanza, mi farò fare un tailleur...».

C'è un limite a tutto

Inaspettatamente un signore di ottantaquattro anni chiede alla moglie ottantaduenne di concedergli il divorzio.

«Ma quando ci siamo sposati non hai giurato di amarmi per tutta la vita?», obietta lei.

E lui: «Sì, ma non credevo che durasse tanto...».

Quel che è mio è tuo

La moglie: «Insomma: la vuoi smettere una buona volta di dire sempre "i miei figli, i miei affari, i miei mobili"?... Mi hai sentito o no?... Ma che cosa stai cercando?».

Il marito: «Sto cercando i nostri calzoni, cara!».

Coniugi responsabili

«Quando io e mio marito litighiamo, facciamo uscire i bambini perché non sentano nulla...».

«Ah, ora capisco perché i vostri figli sono sempre in mezzo alla strada».

Magico calcio

«All'ultima partita di calcio m'ha accompagnato mia figlia e ha perso la voce...».

«Vedrai che vorrà tornarci domenica prossima».

«Forse, ma di sicuro domenica ci porto mia moglie!».

Lui non la interrompe mai

Il marito: «Quando parlo, ti prego di non interrompermi! Io ti interrompo, forse, quando parli tu?».

La moglie: «No: ti addormenti».

Felicità

Due amici parlano del matrimonio.
«Prima di sposarmi», dice uno, «non sapevo che cosa fosse la felicità».
«E dopo l'hai saputo?», chiede l'altro.
«Sì, ma era troppo tardi».

Dopo l'incidente

Un uomo, che è stato investito da un'automobile, riprende i sensi solo in ospedale e vede la moglie al suo capezzale: «Che è successo, cara, dove sono? In Paradiso?».
«Ma no, mio caro, non vedi che sono qui anch'io?».

Domenica dolce domenica

«Ho notato che tu inviti a pranzo tua suocera tutti i giorni fuorché la domenica. Perché?».
«Osservo il riposo settimanale».

Testa o croce

«Facciamo a testa o croce», dice la moglie al marito, dopo una discussione su chi dei due debba

lavare i piatti. «Se viene croce, stasera li lavi tu...».
«E se viene testa?», domanda il marito.
«Li lavi domattina».

Sempre a farti riconoscere!

Due coniugi si preparano per il veglione di carnevale.
«Io ho deciso di mascherarmi da pagliaccio», dice il marito.
«Bravo!», fa la moglie. «Così tutti ti riconoscono...».

Che fortuna avere una cameriera!

La giovane signora Amalia e la sua amica Vera parlano della infedeltà dei loro rispettivi mariti: «Figurati», dice la signora Amalia, «che l'altro giorno ho sorpreso mio marito mentre baciava languidamente la nuova cameriera. Ma l'ho fatto pentire! Ho consentito a perdonarlo alla sola condizione che mi comperasse un bellissimo abito di seta a cui da parecchio tempo facevo la corte...».
«Immagino che avrai immediatamente licenziato la cameriera?», chiede la signora Vera.
«No, non ancora! Ora mi occorre un nuovo tailleur!».

ALBUM FOTOGRAFICO

Un bimbo sfoglia l'album fotografico di famiglia.
«Mamma», dice indicando una vecchia istantanea, «chi è questo giovane bruno accanto a te?».
«È tuo padre», risponde la donna.
«Mio padre?», fa il bimbo, stupito. «E chi è allora quel signore grasso e calvo che vive con noi?».

COME DIAVOLO AVRÀ FATTO...?

«Una chiromante ha detto a mia moglie che avrà due mariti, il primo completamente scemo e il secondo molto intelligente».
«Non te la sarai presa, spero!».
«Non è questo il problema, sto pensando a come diavolo avrà fatto a sposarsi la prima volta!».

MOTIVO SUFFICIENTE

«Perché non mi sposi?», chiede lei a lui.
«Per tre motivi», risponde lui.
«Primo, perché sono senza soldi. Secondo...».
«Basta il primo», fa lei.

RISPONDI SINCERAMENTE
CHE TE NE PARE DI QUESTO MINESTRONE?
SE TI DICO CHE È OTTIMO,
MI PROMETTI DI NON FARLO MAI PIÙ?

I nostri figli

Il marito sorprende la moglie a letto con un uomo e comincia a gridare come un pazzo.
«La smetta di urlare in quel modo», lo interrompe l'amante della moglie, « o finirà per svegliare i nostri figli!».

Arrivi e partenze

Il signor Rossi va a prendere alla stazione la moglie e i tre figli. La moglie, appena scesa dal treno, lo guarda e commenta: «Potresti dimostrarti un po' più contento del nostro ritorno! Guarda quel signore laggiù come abbraccia la moglie».
«È vero», osserva il marito, «però lei non torna, parte!».

La notte porta consiglio

Mentre Maria sta lavando i piatti, suo marito legge il giornale: «Senti questa: in una sola giornata Ann McCarty, californiana, ha conosciuto un uomo, l'ha sposato e la mattina dopo l'ha ucciso!».
«Allora», dice la moglie stancamente, «è proprio vero che la notte porta consiglio!».

..E QUANDO LEI HA VISTO CHE SUO FRATELLO UBRIACO STAVA STRANGOLANDO SUA MOGLIE, PERCHÈ NON È INTERVENUTO ?
..BEH, HO VISTO CHE NONOSTANTE LA SBORNIA CE LA FACEVA BENISSIMO DA SOLO...
LEX

Hanno certe pretese, a volte, le donne...

Moglie e marito sono a passeggio nel parco. A un certo punto passano vicino a una panchina dove un ragazzo e una ragazza si stanno baciando appassionatamente. La moglie, intenerita, tira il marito per un braccio e gli sussurra all'orecchio: «Perché non fai anche tu come quel ragazzo?».

«Ma guarda che sei un bel tipo! E come faccio? Io quella bella figliola nemmeno la conosco...».

Affinità di gusti

Una vecchia signora dice al marito: «Sai caro, dopo tanti anni di matrimonio, voglio confessarti una cosa».

«Dimmi cara».

«Tutte le volte che facevo l'amore con te pensavo a Robert Redford».

«Confessione per confessione: anch'io».

Una sola carne

«Caro, è proprio vero che marito e moglie sono una persona sola», dice la donna al consorte facendo un gran sorriso, «però io da sola mi annoio molto. Che ne diresti di uscire?».

La pendola della zia

L'uomo corre trafelato dalla moglie: «Senti cosa mi è successo: mi ero appena alzato dal divano quando quella grossa pendola che ci ha regalato la zia è caduta esattamente nel posto dove ero seduto prima!».
«L'avevo detto io», sospira la moglie scuotendo la testa, «che quella pendola è sempre in ritardo!».

Ménage

Due sposi ritornano dal viaggio di nozze e organizzano il loro *ménage*.
«Ecco», dice il marito aprendo il portafoglio, «ogni giorno ti darò cinquanta euro. Credi di farcela?».
«Posso tentare», risponde la sposina. «Ma tu, come farai?».

Il sintomo

Un signore racconta a un amico: «Senti questa: ho letto su una rivista medica il caso di una signora il cui viso si copriva di macchie rosse ogni volta che vedeva una marca particolare di automobile. Lo psicanalista le ha fatto ricordare di aver tradito il marito, per la prima e unica volta nella sua vita, proprio in una auto di quel tipo. Su consiglio del medico la signora ha confessato tutto al marito e da quel giorno le macchie non compaiono più...».

A questo punto il narratore si interrompe e chiede: «Ma tu sei impallidito. Che cosa ti succede?».

«Mia moglie... Anche a mia moglie vengono le macchie rosse quando...».

«Quando cosa?».

«Quando vede uno di quei pullman che trasportano le squadre di calcio!».

Lo scudo della legge

«Papà», chiede un ragazzo in una spiaggia piena di belle ragazze, «perché un uomo non può avere più di una moglie?».

E il padre: «Tra qualche anno, quando sarai sposato, capirai che la legge che ti lascia sposare una sola moglie è stata istituita per proteggere, loro malgrado, tutti quelli che sono incapaci di proteggersi da soli!».

Titoli in collana

Amore... ti odio!
Barzellette, le migliori
Barzellette sporche
Come difendersi dai Milanesi
Come difendersi dai Napoletani
Come difendersi dai Romani
Come sopravvivere ai bebè
Come sopravvivere al matrimonio
Il libro dei colmi e dei record
Il superlibro delle barzellette
L'arte di rimorchiare
Life is... Bau!
Life is... Miao!
Nessuna è perfetta
Scopare per guarire e dimagrire
Ultime barzellette sui carabinieri